CATALOGUE

DE

DESSINS

D'ILLUSTRATION

PAR

Bompard, Bourgain, Brouillet. Clairin, Courboin (A.)
Daumier, Desrousseaux, Dubufe, Edelfelt
Fraipont, Gelibert. Gorguet, Grasset, Jacque (Ch.), Japhet
Jazet. Kaemmerer. Kratké. Leloir
Madeleine Lemaire, Lynch. Marchetti, Moreau (Ad.)
Myrbach, Paris, Rossi
Trianon, Vimar, Walker, Weeks. Zuber, etc.,

DONT LA VENTE AURA LIEU

HOTEL DROUOT, SALLE N° 10

Le Vendredi 18 Mars 1898, à 2 heures précises

et le Jeudi 24 Mars 1898, à 2 heures précises

(Les vacations étant très chargées)

M⁰ G. DUCHESNE	M. Georges SORTAIS
COMMISSAIRE-PRISEUR	PEINTRE-EXPERT
Rue de Hanovre, 6	Rue Mogador, 4

CHEZ LESQUELS SE DISTRIBUE CE CATALOGUE

EXPOSITION PUBLIQUE

Le Jeudi 17 Mars 1898, de 1 heure à 5 heures 1/2

PARIS — 1898

IMPRIMERIE MAULDE et RENOU

MAULDE, DOUMENC & Cie

IMPRIMEURS DE LA COMPAGNIE DES COMMISSAIRES-PRISEURS

Rue de Rivoli, 144

CATALOGUE

DE

DESSINS

D'ILLUSTRATION

PAR

Bompard, Bourgain, Brouillet. Clairin, Courboin (A.)
Daumier, Desrousseaux, Dubufe, Edelfelt
Fraipont, Gelibert. Gorguet, Grasset. Jacque (Ch.), Japhet
Jazet. Kaemmerer. Kratké. Leloir
Madeleine Lemaire, Lynch. Marchetti, Moreau (Ad.)
Myrbach, Paris, Rossi
Trianon, Vimar, Walker, Weeks. Zuber, etc.,

DONT LA VENTE AURA LIEU

HOTEL DROUOT, SALLE N° 10

Le Vendredi 18 Mars 1898, à 2 heures précises

et le Jeudi 24 Mars 1898, à 2 heures précises

(Les vacations étant très chargées)

Mᵉ G. DUCHESNE	M. Georges SORTAIS
COMMISSAIRE-PRISEUR	PEINTRE-EXPERT
Rue de Hanovre, 6	Rue Mogador, 4

CHEZ LESQUELS SE DISTRIBUE CE CATALOGUE

EXPOSITION PUBLIQUE

Le Jeudi 17 Mars 1898, de 1 heure à 5 heures 1/2

PARIS — 1898

CONDITIONS DE LA VENTE

Elle aura lieu au comptant.

Les acquéreurs paieront CINQ CENTIMES PAR FRANC, en sus des adjudications.

Aucune réclamation ne sera admise une fois l'adjudication prononcée.

Le droit de reproduction est interdit.

MAULDE, DOUMENC et Cie, imp. de la Cie des Commissaires-Priseurs, rue de Rivoli, 144. 00—72591

DÉSIGNATION

—

PEINTURES, AQUARELLES, PASTELS ET DESSINS

ABBÉMA (L.)

1 — Le Château des Crénaux.
2 — Gaston de Virelon.

ADELINE

3 — Nuit d'Eté.

BAC

4-5 — Une Douche (deux dessins)
6 — L'Oncle Thibaud.
7 — Au tournant d'une rue.
8 — Les Miracles de saint Valentin.
9 — Sans rime ni raison.

BARRAU

10 — Au chevet de Térésa.

BLOCH

11 — R'Deja.

BLOCH

BOMPARD

BOURGAIN

BOUTET

BROUILLET (A.)

BROUILLET (A.)

34 — Dans la fosse aux loups.

BRUJAS

35 — Complet chez le Coiffeur.

BRUNET

36 — La Chaumière (grisaille).
37 — La Forêt et les petits Oiseaux (grisaille).
38 — Le Nid de Pinsons (grisaille).
39 — La Mort de Martine (grisaille).

BUREAU

40 — La Consultation.

CAIN (G.)

41 — L'Hôtel du Saint-Esprit (peinture).
42 — Le Duel.
43 — Après le Duel.

CASSIERS

44 — Au Parloir.

CHALON

45 — La Chasse.
46 — Encadrement persan.
47 — Chasse à l'Antilope.

CHARTIER

48 — Le Camp des Sablons.
49 — L'Uniforme de l'École.
50 — La Barraque.

CHARTIER

CLAIRIN (Georges)

COMBA (P.)

CONSUELO FOULD

COURBOIN (A.)

COURBOIN (A.)

73 — Le Dîner.
74 — Par dessus la foule.
75-79 — La Source Willy (cinq dessins).

CRAFTY

80 — Courant au lit.
81 — L'Entraînement.

CUSACHS

82 — La Cour de l'Hôpital.
83 — Le Sacrifice.
84 — Le Retour.
85 — Prise de voile.
86 — La Sœur.
87 — Prière à la Vierge (six peintures).

DAUMIER (H.)

88 — Intérieur d'Artistes (dessin).

DESMOULINS

89 — Princesse Caraman-Chimay.

DEYROLLE

90 — Saltimbanque.
91 — La Salle.
92 — Cul-de-Lampe.
93 — Vengeance de Kel Jane.

DINENIER

94 — L'Arrivée au Château.
95 — Kadok contemplant la mer.

DINENIER

96 — Kadok à la fenêtre.
97 — Abgrall des amoureux.

DOES

98 — Un Attentat.

DRIESTEIN

99 — Jeanne d'Arc et son escorte (belle gouache).

DUBUFE

100 — Noël.
101 — L'Abbé Chambourdin.

DUFOUR (L.)

102 — Pas de Quatre.

EDELFELT

103 — Si vous faites un pas.

FERRAGUTTI

104 — En tête.
105 — Le Crime.
106 — La Prière.

FEURÉ

107 — Domino rose.

FRAIPONT

108 — Un gros homme trapu.
109 — La Maison.
110 — Le groupe disparut.
111 — Cette promenade était,..

DINENIER

96 — Kadok à la fenêtre.
97 — Abgrall des amoureux.

DOES

98 — Un Attentat.

DRIESTEIN

99 — Jeanne d'Arc et son escorte (belle gouache).

DUBUFE

100 — Noël.
101 — L'Abbé Chambourdin.

DUFOUR (L.)

102 — Pas de Quatre.

EDELFELT

103 — Si vous faites un pas.

FERRAGUTTI

104 — En tête.
105 — Le Crime.
106 — La Prière.

FEURÉ

107 — Domino rose.

FRAIPONT

108 — Un gros homme trapu.
109 — La Maison.
110 — Le groupe disparut.
111 — Cette promenade était,..

FRAIPONT

112 — Bientôt sa voiture disparut.
113 — Donne vite que j'en respire.

SAINT-ELME (Gauthier)

114-116 — Encadrement (trois dessins).
117-118 — Après (deux dessins).

GELIBERT (J.)

119 — Le gros dix cors.
120 — Un Renard.
121 — Un vieux Griffon.
122 — La Corde cassée.
123 — Un grand Sanglier.
124 — Les Chevreuils.
125 — La Ramée.
126 — La Retraite.

GERUELLE

127 — Mélancolie.

GILBERT (V.)

128 — Boutique de jouets aux Tuileries.

GUISEPPE GIACOSA

129-130 — Miserere (deux dessins).

GIRARDET (J.)

131 — Au Cachot.
132 — Ascension de la Falaise.
133 — Sur les Boulevards.
134 — La Marchande d'oranges (pastel).

GIRARDIN

135 — Les Pentes.
136 — Le Sommeil.

GORGUET

137 — Fil d'Or.
138 — Déménagement.
139 — Le Restaurant roumain.
140 — Bonjour héroïne.
141 — Voici ces Dames.
142 — Hein ! Compromise.
143 — M. Dubray.
144 — Le Retour.
145 — La Vision.

GRASSET

146 — Les Amis de Mégare (dessin).
147 — Forme de M. B... (dessin).

JACQUE (Ch.

148 — Le Voyageur.

JAPHET

149 — Les Males-Cuitte.
150 — La Rencontre.
151 — Le Rêve Joliveau.
152 — A Biarritz.
153 — Le Bouquet.
154 — Le Bookmaker.
155 — Elle se jeta vers l'autel.

JAZET

JOB

KAEMMERER

KRATKÉ

LALLEMAND

LAURENT-DESROUSSEAUX

LELOIR

177 — Instruments de Musique (aquarelle).

LEMAIRE (Madeleine)

178 — Five o'clock. Entourage de fleurs (aquarelle).

LOURDEY

179 — Seigneur, je viens grave.
180 — Mon Dieu, je m'ennuie.
181 — Seigneur, accordez-moi...
182 — Pourvu que...

LYNCH

183 — Cheval mécanique.
184 — Lettre ornée.
185 — Au Paradis des Dames.
186 — C'est accepté.
187 — Les Falaises.
188 — La Chemise ensanglantée.
189 — Lettre.
190 — Retour de Tamina.
191 — Mort de Sarieni.
192 — Le Centaure Hatue.
193 — Les Récifs.

MARCHETTI

194 — En observation.
195 — Soldats allemands à l'épicerie.
196 — Le Naufrage.
197 — Poste français.
198 — Cheval blessé, sous la neige.

MARCHETTI

MAREC (V.)

MAREC (V.)

225 — Elle se leva.
226 — La Barcarolle.
227 — Je suivis de loin.
228 — En contemplation.
229 — Le Radeau.
230 — Sur le rivage.

MARS

231 — Toto.
232 — Bataille de confetti.
233 — Armée en guerre.

MENCINA

234 — En visite.
235 — Mille d'as.
236 — Un verre de Malaga.
237 — Tout est arrangé.

MÉRY

238 — Pourquoi l'on se bat (aquarelle).

MÉTIVET

239 — Dans la montagne.
240 — Frère Léon tomba.

MOREAU (A.)

241 — Nous venons procéder.
242 — Le capitaine me serra.
243 — Je reconnus pourtant.
244 — Lettre ornée G.
245 — Angélique et l'Empereur.

MONCHABLON

246 — Abgrall dans sa chambre d'étudiant à Paris.
247 — Rencontre d'amoureux dans la Courtille.
248 — Au bord du fleuve.
249 — Le Retour.
250 — Restaurant roumain.
251 — Rêverie.
252-254 — Les Dieux hindous (trois dessins).
255 — Les Portraits.
256 — L'Affaire flamand.

MORIN (Louis)

257-258 — Noël provençal (deux dessins).

MYRBACH

259 — Aérolithe.
260 — Volcan.
261 — Une scène d'Alfred de Musset.
262 — C'est un cimetière de navires.
263 — Le Scaphandrier.
264 — Prima enchanteur.
265 — Poisson.
266 — Poisson à queue d'huître.
267 — Colombe.
268 — Rat à queue de baudet.
269 — Coup de baguette.
270 — Le Jury.
271 — Le coup du père François.
272 — Escalade.
273 — Empoisonnée.

MYRBACH

274 — Revolver.
275 — Au clair de la lune.
276 — Les Brasiers.
277 — La Lutte.
278 — L'Escalier du phare.
279 — Creusement d'une tranchée.

PARIS

280 — Une Dame et une Demoiselle.
281 — En Manœuvre : la Halte.
282 — Le Maréchal Lebœuf et son état-major (aquarelle).
283 — Armes allemandes.
284 — Chute de cheval.
285 — A la gamelle.
286 — Sur ia route de France.
287 — Le Repas des officiers.
288 — Hussards se raccommodant.
289 — Explosion d'un obus.
290 — Explosion d'un caisson.
291 — Mort du hulan.
292 — Armes françaises.
293 — Tout en buvant.
294 — La Vision du soldat.
295 — Défilé d'un convoi de blessés.
296 — Croix commémorative.

POLLET (V.)

297 — Diane aux aguets (aquarelle).

RECIPON

298 — Confidences.
299 — Chez le Vicaire.

REICHAN

300 — Sauvé !
301 — Josette supplie Barras.

REGAMEY

302 — Retour au Logis.
303-310 — Les Yeux fermés (huit dessins).

RIVOIRE

311 — Fleurs (douze aquarelles).

ROBAUDI

312 — La Maison de Saint-Lô.
313 — La Salon.
314 — L'Enfant.
315 — Le Garde champêtre.

ROBIDA

316 — L'Abbesse.

ROSSI

317 — Le Docteur Botwell.
318 — A la Fenêtre.
319 — Au Lion rouge.
320 — Les deux Amis et le Japonais.
321 — Sortie.

ROULLET

322 — Crabes.

ROUX (G.)

323 — Galibert et son troupeau.
324 — Travaille, Galibert.
325 — Le Loup-garou.

ROY (Marius)

326 — Le Laisser-passer (peinture).
327 — Tombeau des Soldats français (peinture).

SAHIB

328 — Sylvain Marcotte.
329 — Entrez donc !
330 — Léa eut une entrée.
331 — Sylvain Marcotte restait.

SEIKI KORANDA

332 — Paysanne japonaise.
333 — Mère.
334 — Servantes.
335 — Promenade en voiture
336 — Dans le Jardin.

SHARIE

337 — La Reine montant l'escalier.

STEINLEN

338 — Potiron.

TOFFANI

339 — La Jalousie.
340 — L'Homme sort.

TRIANON

341-352 — Croquis du mois (cent quarante-quatre croquis).

VIMAR

353 — Boney.
354 — Et il songeait.
355 — Cependant, Boney.
356 — Pris par instants.
357 — Pour boire comme un polisson.
358 — Bonjour, mes frères !
359 — Tandis qu'il attendait.
360 — En l'absence de l'orchestre.
361 — Arrête, misérable !
362 — Tu n'as pas de charme.
363 — Boney en était là.
364 — Il leva sa trompe.
365 — Cul-de-Lampe.
366-377 — Le Nègre de Peshavui (douze dessins).

WAGREZ

378 — L'Écharpe.

WAGREZ

379 — Le Message.

WALKER

380 — Cantonnement à Saint-Mihiel.

WEBER

381 — Les Pommes cuites.
382 — Machinistes.

WEBER

383 — Le Timbalier.
384 — Le Régisseur.

WEEKS

385 — Au bord du fleuve (peinture).
386 — Le Radeau (peinture).
387 — Le Retour (peinture).

ZUBER

388 — Le Calvaire (aquarelle).

389 — Série de Dessins par divers *(sera divisée)*.

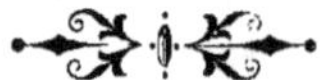